Hauke Kock

Das will ich wissen

Die Germanen

Hauke Kock,
Jahrgang 1965, studierte Kommunikations-Design. Seit 1991
arbeitet er sehr erfolgreich als freischaffender Illustrator.
Für verschiedene Verlage stattet er vor allem Kinder- und
Jugendsachbücher aus und ist auch gelegentlich als Autor tätig.
Nebenher beschäftigt er sich mit freier Malerei und Fotografie.
Das Buch »Die Germanen« hat er sowohl geschrieben
als auch illustriert.

In neuer Rechtschreibung

1. Auflage 2008
© Arena Verlag GmbH, Würzburg 2008
Alle Rechte vorbehalten
Einband und Innenillustration: Hauke Kock
Gesamtherstellung: westermann druck GmbH, Braunschweig
ISBN 978-3-401-06042-2

www.arena-verlag.de

Hauke Kock

Das will ich wissen
Die Germanen

Mit farbigen Bildern von Hauke Kock

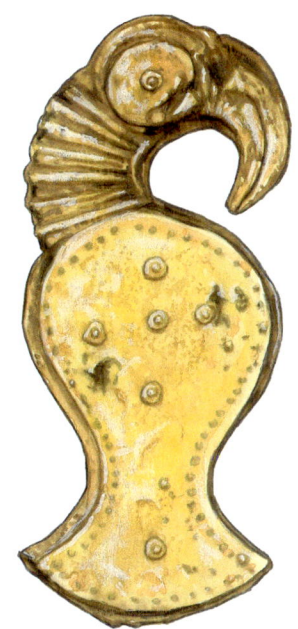

Arena

Inhalt

Ein Schiff für die Götter

Helmar treibt gerade die Schweine
für die Nacht in den Pferch, als seine Schwester
Ingrun aufgeregt angerannt kommt.
„Wo bleibst du?", ruft sie. „Alle haben sich
schon bei der Weisen Frau versammelt."
Schnell laufen sie zur Hütte der Weisen Frau.
Schweigend verharrt dort eine Menschenmenge
vor dem kleinen Haus. Der kühle Herbstwind
weht raschelnde Blätter vorüber.

„Was, glaubst du, machen sie da drinnen?",
fragt Helmar seine Schwester atemlos.
„Die Weise Frau befragt die Runen",
antwortet sie. Helmar runzelt fragend die Stirn.
„Nun, sie hat die Buchenholzstäbchen mit
den Runenzeichen auf ein Tuch geworfen",
erklärt Ingrun. „Und dann liest sie drei
dieser Stäbchen auf. Die Zeichen müssen
dann gedeutet werden. So sprechen
die Götter zu ihr."

Jetzt kommen der Häuptling und die Weise Frau
aus dem Haus. Der Häuptling breitet die Arme
aus.
„Wodan hat uns seine Gunst gezeigt und als
Geschenk verlangt er das Schiff und die Waffen
der Feinde."
Zustimmendes Gemurmel erhebt sich,
die Männer klopfen dazu mit den Lanzen
auf ihre Schilde.

8

Vor ein paar Tagen tauchten plötzlich fremde
Schiffe in der Bucht auf. Die Krieger an Bord
waren schwer bewaffnet und es gab keinen
Zweifel über ihre Absichten.
Doch die Männer des Dorfes waren wachsam.
Sie stellten die Eindringlinge zum Kampf.
Helmar hört noch das Sirren der Pfeile
in der Luft, die erregten Rufe, das Klirren
der Schwerter und die Schreie der Verletzten.
Die Fremden wurden vertrieben.
Bei der überstürzten Flucht blieben viele
Waffen auf dem Schlachtfeld zurück und
eines ihrer Schiffe dümpelte noch am Ufer.

In der Dämmerung begeben sich
die Dorfbewohner in schweigendem Marsch
zum Opfersee. Zuvor haben sie das Schiff
von der Bucht hinaufgezogen. Im Schein
der Fackeln beginnen die Männer, die Schilde
und Speere der Besiegten zu zerschlagen
und die Schwerter zu verbiegen. Dann wird
alles in den See geworfen.

„Warum tun sie das?", fragt Helmar leise.
„Wodan hat seine Hand schützend über
unser Dorf gehalten", antwortet Ingrun.
„Und als Dank gibt ihm das Dorf ein Geschenk.
Die Waffen der Feinde sind ihm geweiht.
Niemals wieder soll ein Mensch sie gegen
uns richten können. Sieh nur!"
Zwei Männer sind auf das Schiff gesprungen
und schlagen mit Äxten ein großes Loch
in den Boden. Gurgelnd läuft das Schiff voll
Wasser. In feierlichem Schweigen sehen alle
zu, bis es vollständig gesunken ist.

Auf dem Heimweg im Dunkeln fröstelt Helmar im kalten Wind, doch er ist froh. In diesem Jahr fürchtet er sich nicht vor dem Winter. Die Ernte war gut, die Tiere sind gesund und bald ist Schlachtfest. Und die fremden Räuber wurden vertrieben. In diesem Winter wird es keinen Hunger geben. Denn die Götter sind ihnen gnädig.

Die Zeit der Germanen

Vor 2.000 Jahren lebten dort, wo auf heutigen
Landkarten Deutschland, Dänemark und
die Niederlande zu finden sind, die Germanen.
Zwischen dem dritten und zweiten Jahrtausend
vor Christus waren ihre Vorfahren aus
dem asiatischen Raum eingewandert.
 Die Germanen bildeten keine Nation
und betrachteten sich auch nicht als ein Volk.
Sie waren vielmehr in eine große Anzahl
von Stämmen zersplittert und lagen in
ständigem Streit miteinander.
In Südeuropa erblühte derweil das Römische
Reich. Dort errichtete man große Städte
mit marmornen Tempeln, Palästen, öffentlichen
Badehäusern und gewaltigen Aquädukten.
Zur selben Zeit hausten die Bewohner
des kalten Nordens noch in einfachen Häusern
aus Holz, Lehm und Stroh. Dennoch sollten
die „Barbaren", wie die Römer die Germanen
nannten, einmal zum Fall des mächtigen
römischen Imperiums beitragen ...

Woher wissen wir von den Germanen?

Im Jahre 1863 fand ein Lehrer in einem Moor
nahe der dänischen Stadt Sønderborg uralte
bearbeitete Eichenholzplanken. Es waren
die Reste eines Schiffes aus der Zeit
der Germanen. Vor über 1.600 Jahren wurde es
als Opfergabe versenkt. Heute kann man das
restaurierte „Nydam-Schiff" im Landesmuseum
Schloss Gottorf in Schleswig besichtigen.
Es bot einst etwa 45 Mann Besatzung Platz.

Nydam-Schiff

Moorleiche von Windeby

Die Moore gaben noch mehr Zeugnisse aus
der Germanenzeit preis. Viele Gegenstände
wurden dort gefunden, aber auch die gut
erhaltenen Moorleichen. Durch sie konnten
wir mehr über die Germanen erfahren, denn
nennenswerte Schriften haben sie uns nicht
hinterlassen. Einiges Wissen verdanken wir
auch römischen Geschichtsschreibern wie
Tacitus, die Texte über dieses fremde Volk
aus den Wäldern und Sümpfen des nebeligen
Nordens verfasst haben.

Wie sahen die Germanen aus?

Den Römern erschienen die Germanen
sehr groß gewachsen und kräftig. Die schwere
Arbeit und das raue Klima damals hatten
die Menschen wohl abgehärtet. Uns würden
sie eher normal groß vorkommen.
Ihre Kleidung fertigten sie aus Schafswolle,
die sie selbst scheren, spinnen, weben,
vernähen und färben mussten. Gewänder
aus Leinen waren selten und teuer.

Die Germanen legten Wert auf gepflegte Haare.
Man gebrauchte Kämme und Bürsten.
Die Frauen legten sich kunstvolle Frisuren.
Bei den Männern war eine Zeit lang
der „Swebenknoten" in Mode. Jeder Mann
besaß zudem ein Rasiermesser und stutzte
sich den Bart. Reinlichkeit wurde
großgeschrieben. Die germanische Seife war
für ihre Güte bekannt und auch bei den Römern
sehr beliebt.

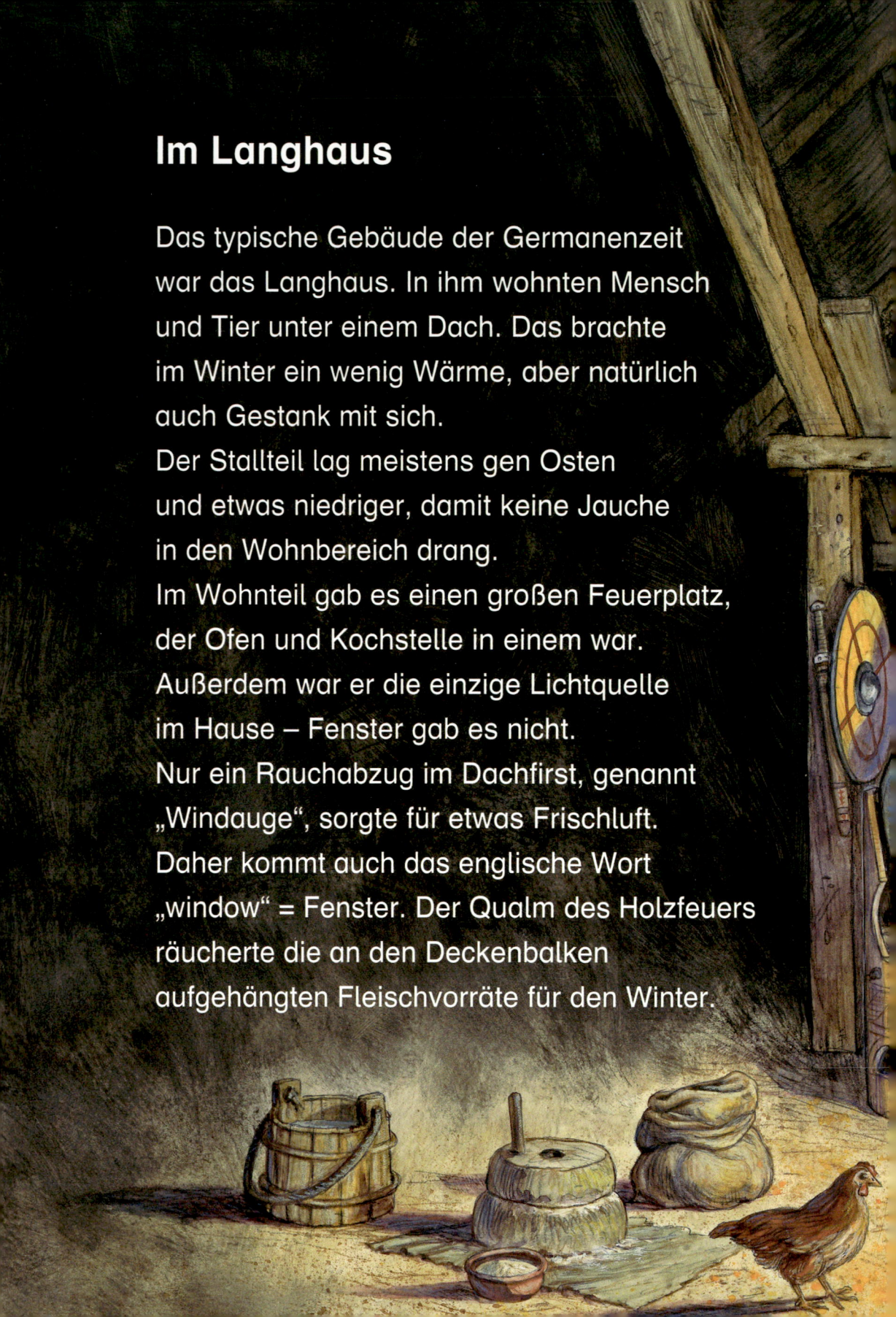

Im Langhaus

Das typische Gebäude der Germanenzeit
war das Langhaus. In ihm wohnten Mensch
und Tier unter einem Dach. Das brachte
im Winter ein wenig Wärme, aber natürlich
auch Gestank mit sich.
Der Stallteil lag meistens gen Osten
und etwas niedriger, damit keine Jauche
in den Wohnbereich drang.
Im Wohnteil gab es einen großen Feuerplatz,
der Ofen und Kochstelle in einem war.
Außerdem war er die einzige Lichtquelle
im Hause – Fenster gab es nicht.
Nur ein Rauchabzug im Dachfirst, genannt
„Windauge", sorgte für etwas Frischluft.
Daher kommt auch das englische Wort
„window" = Fenster. Der Qualm des Holzfeuers
räucherte die an den Deckenbalken
aufgehängten Fleischvorräte für den Winter.

Die Einrichtung war spärlich, Möbel gab es kaum. Allein der Hausherr durfte sich auf seinen eigenen holzgeschnitzten Sessel setzen. Die Schlafbänke für die Familie lagen um das Feuer herum entlang der Wände.

Ein Langhaus aus der Germanenzeit (2.–3. Jhd.)

1 Kornspeicherhaus auf Stelzen

2 Rauchabzug

3 Wohnbereich

4 Feuerstelle

5 Trennwände aus Weidengeflecht

6 Eingangstür

7 Reetdach

8 Viehställe

9 lehmverputzte Flechtwände

10 Grubenhaus (Aufschnitt) mit Webstuhl

11 Rennofen

Das Dorf

Städte gab es in den germanischen Gebieten
nicht. Die Menschen lebten auf Einzelhöfen
oder in Dörfern, von denen selbst die größten
selten mehr als 500 Einwohner zählten.
Zwischen den Siedlungen gab es kaum
Straßenverbindungen, deswegen wurde
auch nur wenig Handel getrieben.

Die Dörfer wurden oft an den Ufern von Seen und Flüssen oder an der Meeresküste gebaut, wo man Fischfang betrieb. Der nahe Wald lieferte Baumaterial, Brennholz und Futter für das Vieh. Manchmal konnte Wild gejagt werden. Im Wald sammelten die Germanen auch Obst, Beeren, Nüsse und Honig, den man zum Brauen des bierartigen Mets verwendete. Wald, Weiden und Wasser galten als „Allmende", allgemeines Eigentum, das jeder nutzen durfte.

Hartes Landleben

Die meisten Germanen lebten als Bauern
von Viehzucht und Ackerbau. Die Größe
der Viehherde war ein Zeichen von Wohlstand.
Man hielt Rinder, Schafe, Schweine, Hühner
und Gänse, die Milch, Wolle, Fleisch und Eier
lieferten. Seltener waren Pferde. Die Tiere
waren damals deutlich kleiner als heute.
Im Herbst wurden viele Tiere geschlachtet,
weil man nicht genügend Futtervorräte für
den Winter einlagern konnte.
Auf ihren Äckern säten die Germanen Getreide,
vor allem Gerste sowie Weizen, Hirse, Flachs,
Möhren, Rüben, Kohl, Rettich, Zwiebeln, Porree
und Hülsenfrüchte.

Die Feldarbeit war eine anstrengende Plackerei.
Der von Rindern gezogene Hakenpflug kratzte
den Ackerboden kaum an und die Erträge
waren karg. Die Wintervorräte waren nur
in guten Jahren ausreichend. So brachen
im Spätwinter häufig schlimme Hungerzeiten
für Mensch und Vieh an.
Die Zubereitung der täglichen Mahlzeiten
war mühevoll und begann mit dem Mahlen
des Getreides. Meistens gab es dann
einen Gersten- oder Hirsebrei zu essen oder
eine Gemüsesuppe mit gebackenen Brotfladen.
Fleisch war ein seltener Leckerbissen.

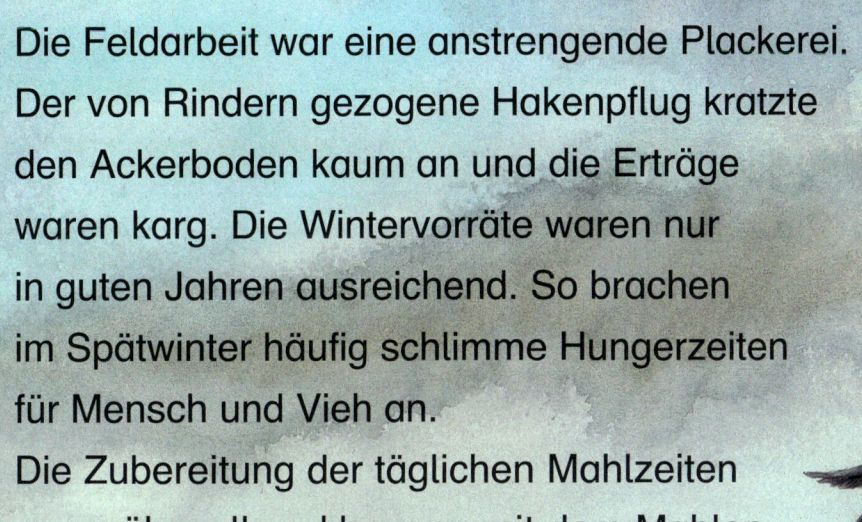

Germanisches Handwerk

Die Gegenstände des täglichen Gebrauchs wurden von den Germanen meist selbst hergestellt. Töpfe wurden aus Ton geformt und gebrannt, Schalen und Teller aus Holz gedrechselt. Kämme und Nadeln schnitzte man aus Knochen oder Geweih. Unter dem Einfluss der Römer entstanden später auch größere Werkstätten, in denen zum Beispiel Töpferwaren für den Handel produziert wurden.

Der Schmied hatte eine besondere Stellung
inne. Er achtete darauf, die Geheimnisse seines
Berufsstandes zu hüten. Auf seinem Amboss
schmiedete er Schwerter, Lanzenspitzen
und Äxte. Doch er stellte auch feine Fibeln
und Gürtelbeschläge aus Bronze oder
Edelmetallen her.

Da es damals in Germanien noch keine
Erzbergwerke gab, musste das Rohmaterial
Eisen eingetauscht werden, was es sehr
wertvoll machte. Deshalb wurde Eisen
auch in einem mühsamen Verfahren
aus Raseneisenerz gewonnen.

Auf dem Thing

Die Mehrheit der Germanen waren freie Bauern.
Es gab auch eine adelige Führungsschicht
(Edelinge) und eine Unterschicht aus
Freigelassenen (Liten) und Sklaven (Schalke).
Der Thing war eine Volksversammlung,
an der alle Freien teilnehmen durften.
Sie erschienen in Waffen. Es wurde Gericht
gehalten und über schwere Verbrechen
geurteilt. Mord und Totschlag konnte durch
Zahlung des sogenannten „Wergeldes" an
die Angehörigen gesühnt werden.

Solange die Buße nicht bezahlt war,
galt der Verbrecher als „friedlos".
Dann konnte er außerhalb der umfriedeten
Gerichtsstätte von der Sippe des Opfers
straffrei erschlagen werden.
Von Verrat, Feigheit und Flucht konnte
man sich nicht wie von einem Mordvorwurf
freikaufen, auf diese Vergehen folgte meist
die Todesstrafe.
Auf dem Thing wurde auch über Krieg und
Frieden abgestimmt. Hier wählte man den
Heerführer (Herizogo). Er musste sich durch
Tapferkeit und Geschick beweisen, da er sonst
seine herausragende Stellung wieder einbüßte.

Die Götterwelt der Germanen

Die Germanen glaubten sich in ihrer Welt
von übersinnlichen Wesen umgeben.
Die Natur war für sie von Elfen, Nixen,
Zwergen, Trollen und Riesen bewohnt.
Über allem thronte eine Vielzahl von Göttern,
die aber sehr „menschlich" und nicht
vollkommen oder unsterblich waren.
Der Göttervater Wodan ritt auf seinem
achtbeinigen Hengst Sleipnir durch die Wolken.
Sein heiliger Tag war Mittwoch
(englisch: Wednesday = Wodanstag).

Für Liebe und Fruchtbarkeit stand die schöne Freyja. Ihr war der Freitag (Freyjas Tag) gewidmet. Oft wird Freyja mit Frigg gleichgesetzt, der Gattin des Wodan und Beschützerin des Hauses und der Ehe. Donar, der gutmütige, aber jähzornige Gott des Donners mit dem blitzeschleudernden Hammer Mjöllnir, wurde am Donnerstag verehrt.

Die Germanen kannten keine Tempel oder
Kirchen, sie verehrten ihre Götter in der freien
Natur. In heiligen Hainen brachte man Opfer
dar. Geopferte Gebrauchsgegenstände,
Speisen und Tiere sollten den Menschen
das Wohlwollen der Götter sichern.

Heilig waren den Germanen auch Seen
und Moore. Dort traten sie in Verbindung
mit dem Jenseits. Sie versenkten Schmuck,
Kleidung, Kriegsbeute, ja ganze Wagen
und Boote zu Ehren ihrer Gottheiten.
Am wertvollsten aber war das Menschenopfer.
Davon zeugen die berühmten Funde von
Moorleichen. An den geheiligten Plätzen
im Moor befanden sich oft hölzerne Idole,
vereinfachte Götterbilder.

Waffen und Kriege

Die Germanen lebten in einer unruhigen, kriegerischen Epoche. Deswegen war jeder freie Mann bewaffnet und stets kampfbereit. Typische Waffen waren Lanze und Speer. Dazu kam entweder ein Langschwert (Spatha) oder Kurzschwert (Sax). Zur Verteidigung benutzte man Schilde, die oft sorgfältig bemalt waren.

Bei den Germanen kam es nicht selten
zu gewalttätigen Auseinandersetzungen
zwischen Stämmen, Nachbarsiedlungen oder
einzelnen Sippen. Dabei herrschte der Brauch
der Blutrache. Dem eigenen Familienclan
zugefügtes Unrecht konnte nur durch
Blutvergießen gesühnt werden.

Germanen und Römer

Zur Zeit der Germanen wurde der Süden
Europas vom Römischen Reich beherrscht.
Germanen und Römer standen sich oft
in Waffen gegenüber.
Um 120 vor Christus zogen die germanischen
Kimbern und Teutonen auf der Suche nach
einer neuen Heimat von Jütland aus quer
durch Europa. Doch Rom wollte sie nicht
in seinen Gebieten dulden. Es kam zu vielen
Kämpfen, in denen die Germanenstämme
schließlich unterlagen. Wer nicht durch
Waffengewalt starb, wurde von den Römern
versklavt.
Mehr als ein Jahrhundert später hatte Roms
Macht noch zugenommen. Große Gebiete
Germaniens waren unterworfen und besetzt.
Doch der Versuch des Kaiser Augustus
(27 vor bis 14 nach Christus), das römische
Herrschaftsgebiet bis zur Elbe auszudehnen,
fand im regnerischen Herbst des Jahres
9 nach Christus ein blutiges Ende.

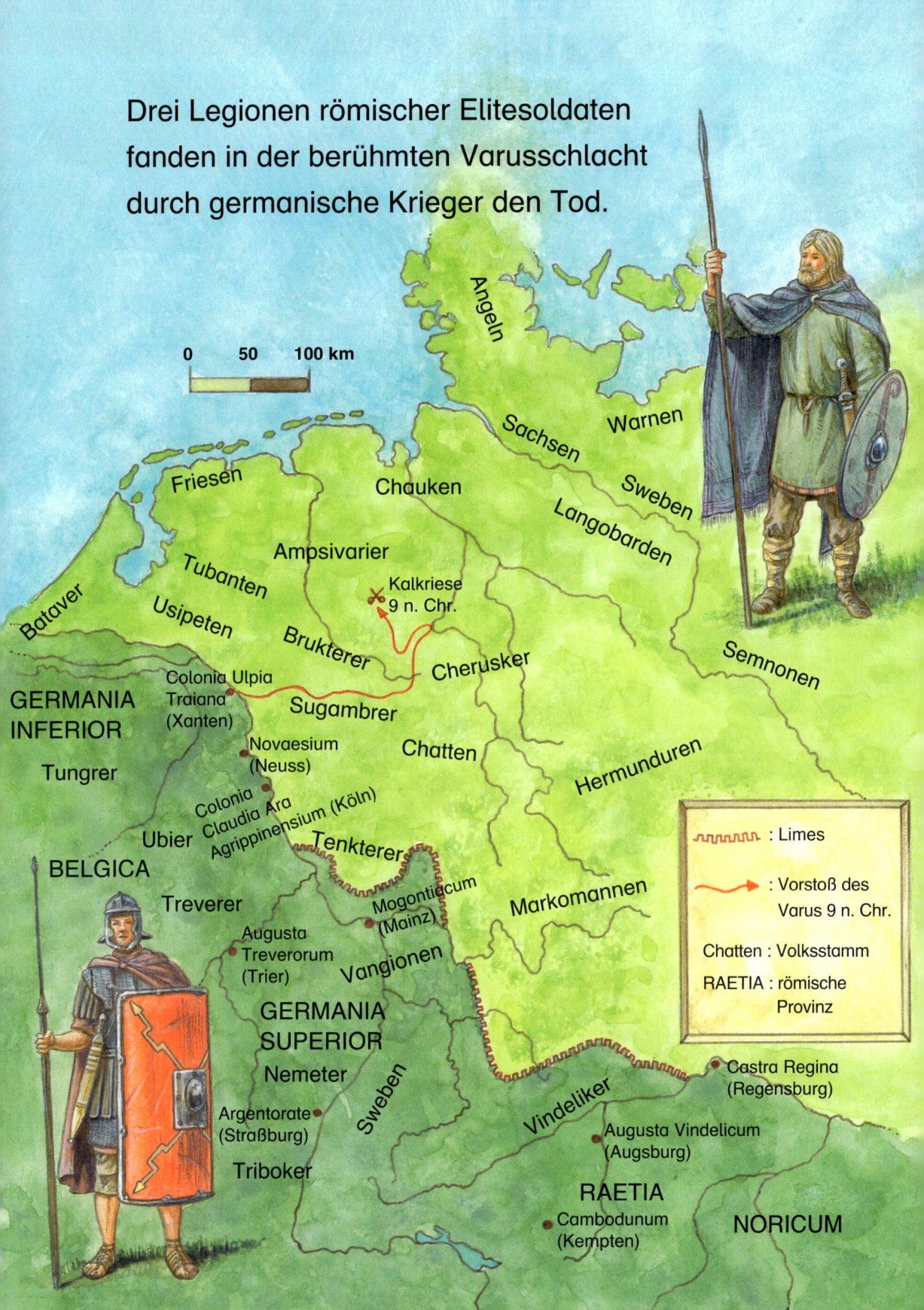

Drei Legionen römischer Elitesoldaten
fanden in der berühmten Varusschlacht
durch germanische Krieger den Tod.

0   50   100 km

Angeln

Warnen

Sachsen

Sweben

Langobarden

Friesen

Chauken

Semnonen

Ampsivarier

Tubanten

Kalkriese
9 n. Chr.

Batzver

Usipeten

Brukterer

Cherusker

Colonia Ulpia
Traiana
(Xanten)

Sugambrer

GERMANIA
INFERIOR

Novaesium
(Neuss)

Chatten

Hermunduren

Tungrer

Colonia
Claudia Ara
Agrippinensium (Köln)

Ubier

Tenkterer

BELGICA

Mogontiacum
(Mainz)

Markomannen

Treverer

Augusta
Treverorum
(Trier)

Vangionen

GERMANIA
SUPERIOR

Nemeter

Sweben

Castra Regina
(Regensburg)

Argentorate
(Straßburg)

Vindeliker

Augusta Vindelicum
(Augsburg)

Triboker

RAETIA

NORICUM

Cambodunum
(Kempten)

꘠꘠꘠꘠ : Limes

→ : Vorstoß des
Varus 9 n. Chr.

Chatten : Volksstamm

RAETIA : römische
Provinz

Der Limes

Um sich vor Überfällen kriegerischer germanischer Stämme zu schützen, errichteten die Römer im heutigen Süddeutschland eine Grenzbefestigung, den Limes. Dahinter lag eine Kette von Militärlagern, in denen gut ausgebildete Grenztruppen untergebracht waren. Noch heute kann man Überreste des Limes besichtigen.

Es gab natürlich auch friedliche Zeiten
am Limes. Dann wurde zwischen Germanen
und Römern ein reger Tauschhandel betrieben.
Die Germanen lieferten Bernstein, Pelze, Honig
und Wachs. Begehrt war auch blondes
Frauenhaar, aus dem man Perücken für
die feinen Römerinnen fertigte. Die Germanen
erhielten dafür Wein, Gold- und Silberschmuck,
Eisen, feine Tuche sowie Glas- und Tongefäße.
Zudem traten viele Germanen freiwillig in den
römischen Militärdienst ein. So kämpften sie
als Söldner für ihre ehemaligen Feinde.

Südlich des Limes, im römischen Teil
Germaniens, war die Bevölkerung „unfrei".
Doch sie zog ihren Nutzen aus den neuen
Anbaumethoden, Obst- und Getreidesorten
und größeren Viehrassen der Römer.
Die „römischen" Germanen kamen so zu viel
besseren Ernteerträgen als ihre oft hungernden
Verwandten im freien Germanien.

Die römische Lebensweise wurde bald
als Vorbild angenommen. Es entstanden
blühende Zentren des Handels und der Kultur –
die ersten Städte auf germanischem Boden.
Köln, Trier, Mainz, Augsburg, Regensburg,
Xanten und Bonn gehen alle auf römische
Stadtgründungen zurück.

Die Völkerwanderung

Im dritten und vierten Jahrhundert schlossen
sich die Germanen zu Großstämmen
zusammen. Sie wurden zu einer ernsten
Bedrohung für das römische Imperium.
Es kam zu germanischen Beutezügen
und Besiedelungen römischer Provinzen.
So stürmten die Alamannen (germanisch:
„alle Männer") im Jahre 260 den Limes und
besiedelten die Gegend um den Bodensee.
Die Franken (germanisch: „die Freien") setzten
sich im niederrheinischen Gebiet fest.
Sie wurden später die Gründer des
Frankenreiches, aus dem das heutige
Frankreich, Belgien und Deutschland
erwachsen sollten.

Dann tauchte um das Jahr 375 das kriegerische
Reitervolk der Hunnen aus den Tiefen
der Steppen Asiens auf. Es verbreitete Angst
und Schrecken und erschien unbesiegbar.
Auf der Flucht vor dieser Bedrohung verließen
ganze Völkerschaften ihre Heimat.
Diese Epoche nennt man deshalb
Völkerwanderungszeit. In der Folge
dieses Ansturms, der ganz Europa erfasste,
zerbrach das Römische Reich. Es teilte sich
in einen West- und einen Ostteil.
Während das Oströmische Reich mit
seiner Hauptstadt Konstantinopel noch
weitere 1.000 Jahre bestand, zerfiel
das Weströmische Reich rasch. Der letzte
weströmische Kaiser Romulus Augustulus
wurde 476 von dem Germanenfürsten Odoaker
abgesetzt. Eine Vielzahl germanischer
Königreiche entstand auf dem Boden
des ehemaligen römischen Imperiums.

411

411–
421

429

KARTE DER
VÖLKERWANDERUNGSZEIT

Hunnenkrieger

um 450

bis 150

400

258

400

bis 400

451

450

407

200–375

374

443

454

419

382–388

426

410

456

395

439

	Hunnen		Burgunder
	Goten		Sweben
	Vandalen		Sachsen, Angeln, Jüten
	Franken		Oströmisches Reich

Glossar

Fibel: Spange zur Befestigung von Kleidungsteilen, die „Sicherheitsnadel der Eisenzeit"

Omegafibel

Bügelfibel

Heiliger Hain: Geheiligter Bezirk mit Opferstein, Stätte der Gottesanbetung

Limes: Grenzbefestigung der Römer in Germanien. Er bestand aus Mauern (rätischer Limes) oder Holzpalisaden (obergermanischer Limes), Wällen, Gräben und Wachtürmen.

Met: Alkoholisches Biergetränk aus Honig, Wasser und Gewürzen

Moorleiche: Durch Lagerung in sauren Moorböden gut erhaltener menschlicher Leichnam

Raseneisenerz: Erzhaltige Bodenschicht unter der Grasnabe

Rennofen (Querschnitt)

Gewinnung von Raseneisenerz

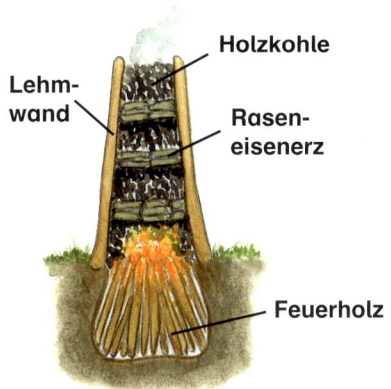

Holzkohle

Lehm-
wand

Rasen-
eisenerz

Feuerholz

Nach dem Brennvorgang wird der Ofen
zerstört und die ausgeschmolzene
Eisenluppe weiterverarbeitet.

Runen: Schriftzeichen der Germanen.
Das Runenalphabet nennt man „Futhark".
Die Runen wurden meist bei religiösen
Zeremonien benutzt, da man ihnen magische
Kräfte zuschrieb.

Alteres Runenalphabet der Germanenzeit

Söldner: Soldat oder Krieger, der für einen
Lohn (Sold) in den Kampf zieht

Jeder Band: Ab 6 Jahren • Mit zahlreichen farbigen Illustrationen • 48 Seiten • Gebunden

Spannendes Sachwissen für Leseanfänger
Mit einem attraktiven Extra

ISBN 3-401-05618-0

ISBN 3-401-05349-3

ISBN 3-401-06057-6

Weitere Titel in dieser Reihe: